아빠는 내 마음 알까?

글 양혜원

1990년〈문학과 비평〉'가을호'에 시를 발표하며 등단했습니다.《꼴찌로 태어난 토마토》로 '제1회 문학동네어린이문학상'을 수상했고, 지금은 강화도에서 텃밭을 일구며 어린이 책을 쓰는 즐거움에 푹 빠져 지낸답니다. 지은 책으로는《여우골에 이사 왔어요》《사막의 꼬마 농부》《게으른 게 좋아》《어린이를 위한 책임감》《뚱보라도 괜찮아》《내 똥으로 길렀어요》《마고할미 세상을 발칵 뒤집은 날》《엄마의 노란 수첩》《올깃쫄깃 찰지고 맛난 떡 이야기》등이 있습니다.

그림 최혜인

홍익대학교에서 시각디자인을 공부했습니다. 지금은 여러 어린이 책에 그림을 그리고 있습니다. 그린 책으로는《떴다! 지식탐험대9》《빨주노초 내 장난감》《123 시장 놀이》《나는야, 꼬마 디자이너》등이 있습니다.

| 이 책에 대한 설명 |

가정은 아이들이 경험하는 첫 번째 사회고, 아빠는 아이들이 인생에서 처음 만나는 믿음직하고 힘센 남자입니다. 아빠들은 대부분 사회생활에 바빠 아이들을 키우고 교육시키는 일은 실제 엄마가 많은 부분을 맡습니다. 하지만 아빠라는 존재는 아이들의 성장에 엄마만큼이나 중요답니다.

이 책은 일에 치여 아이와 놀 시간이 없고, 때로는 무뚝뚝해서 칭찬에 인색하며, 아이의 마음을 헤아릴 줄 모르는 이 시대 보통 아빠들의 모습과 이런 아빠와 좀 더 가까워지고 싶어 하는 아들의 마음을 보여 줍니다. 그리고 아빠는 왜 바쁜지, 함께 놀 시간이 없는지 아빠의 이야기도 들려주어 아이의 서운했던 마음을 풀어 주고, 아빠의 가슴 깊은 사랑을 느낄 수 있게 해 줍니다.

스콜라 꼬마지식인 05

아빠는 내 마음 알까?

양혜원 글 | 최혜인 그림

위즈덤하우스

나는 우리 집 첫째야.
밑으로 여동생 은서가 있어.
아빠는 늘 나만 나무라지.
은서가 내 모형 자동차를 망가뜨려 화내면 오빠니까 참으래.
속상해서 울기라도 하면 사내 녀석이 눈물이나 찔찔 짠다나?
아빠는 어릴 때 한 번도 안 울었나 봐.

시험 점수를 나쁘게 받아 오면
오빠가 잘해야 동생도 따라 잘한대.
공부란 자기가 열심히 해야 잘하는 거지,
동생이 오빠 따라서 저절로 공부 잘해?
텔레비전 볼 때도 은서는 아빠 무릎에 앉아서 봐.
아빠 무릎은 두 개인데 양쪽에 하나씩 앉으면 안 돼?

어유, 속 터져!
나도 아빠한테 하고 싶은 말이 많다고!

안아 주세요

삐비빅 삑 따리릭!
아빠가 현관 번호 누르는 소리야.
나는 읽던 책을 덮고 후다닥 뛰쳐나갔어.
귀를 쫑긋 세우고 아빠를 기다렸거든.
은서는 벌써 잠들었지.
오늘 밤은 나 혼자 아빠를 맞이할 거야.
어리광쟁이 은서가 알면 약 오르겠지?

"아빠, 안녕히 다녀오셨어요?"
"으응. 재성이 아직 안 잤어? 일찍 자야지."
아빠는 내 머리를 한번 슥 쓰다듬고는
곧장 안방으로 들어갔어.
나도 모르게 눈물이 핑 돌았어.
아빠가 많이 기뻐하실 줄 알았는데,
넓은 아빠 품에 폭 안기고 싶었는데······.
아빠는 나를 사랑하지 않나 봐.

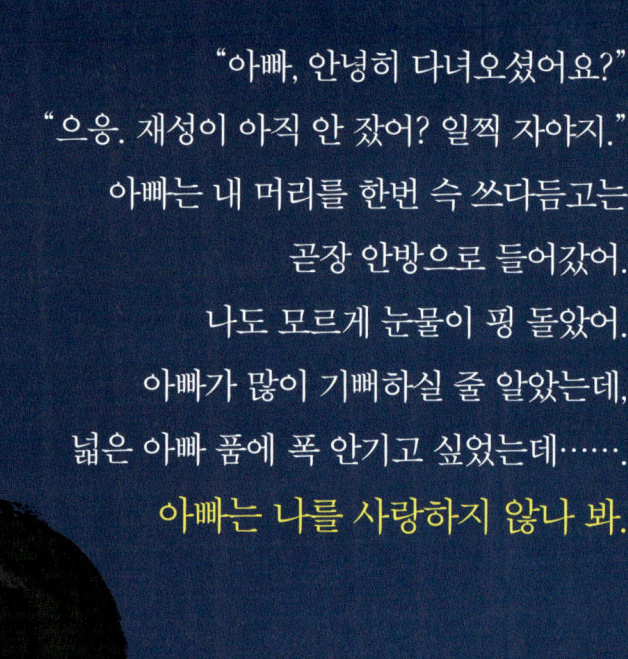

부모님이 동생을 더 사랑하는 것 같지?
그렇게 보일 뿐이야.
첫째를 더없는 사랑으로 키웠는데 둘째가 태어났어.
이제 첫째는 둘째보다 컸으니까 듬직하고 대견해.
그래서 사랑을 표현하는 방법이
조금 달라진 것뿐이야.

함께 놀아 주세요

난 놀이공원을 좋아해.
롤러코스터를 타고 맨 꼭대기에 오를 때면
아슬아슬 가슴이 조여 와.
귀신의 집은 진짜 무서워.
아빠 손을 꼭 잡고 더듬더듬 발을 떼면
귀신이 와락 달려들지.
얼른 아빠 품에 안기면 무섭던 마음이 금세 사라져.

아빠랑 함께 축구할 때는 더 신나지.
아빠가 골대 안에 쏙 골을 집어넣을 때면
최고로 멋져 보여.
하지만 아빠는 휴일에 잠만 자.
'피곤해'가 우리 아빠 별명이라니까.

난 게임도 좋아해.
혼자 해도 재미있지만 아빠랑 겨루면 더 재미있어.
나를 이기려고 애쓰는 아빠 모습이 우습기도 하고.
아빠도 게임을 좋아하나 봐.
게임 속에 아주 푹 빠져 버린다니까.
그런데 아빠랑 함께 게임한 적이 별로 없어.
게임하자고 하면 맨날 피곤하다며 "나중에, 다음에." 그러거든.
아빠는 나랑 놀기 싫은가 봐.

친구랑 놀아도 재미있지만 아빠랑 놀면 정말 재미있어.
그런데 아빠는 왜 네 마음을 몰라줄까?
엄마나 은서보다 남자끼리 노는 건 특별한데 말이지.
하지만 아빠도 피곤하실 거야.
밖에서 정신없이 일하다 집에 오면 푹 쉬고 싶을 거야.
네가 조금만 이해해 드려.

내 얘기 좀 들어 주세요

"아빠, 오늘 학교에서 친구랑 싸웠는데요……."
"뭐? 친구랑 왜 싸워?"
"지우개를 빌려 달라고 했는데, 안 빌려 줬거든요."
아직도 그때 일을 생각하면 정말 속상해.
글쎄, 진영이가 내 지우개를 조각조각 잘라 놓은 거 있지?
"그깟 지우개 좀 빌려 주지, 왜 안 빌려 줬어?
그러니까 친구가 화났겠지."
아빠는 내 얘기를 끝까지 듣지도 않고 나만 나무랐어.
진영이가 저번에 내 지우개를 망가뜨린 것도 모르면서.

"내일 학교 가서 먼저 사과해. 알았지? 왜 대답이 없어?"
"네."
아빠가 윽박지르는 바람에 억지로 대답했어.
하지만 난 사과하지 않을 거야.
진영이는 뭐든지 빌려 가면 잃어버리거나 망가뜨리거든.
아빠는 잘 알지도 못하면서.
이제 아빠한테 아무 얘기도 안 할 거야.

아빠가 네 말을 끝까지 듣지 않으면 속상해.
중간에 멋대로 해석해서 말을 막으면 화가 나.
아빠가 밉고, 원망스럽지.
그렇다고 입을 꽉 다물어 버리면 안 돼.
그럼 아빠는 네 말을 막는 게 당연해질 테니까.
그럴 때는 분명하게 말해.
"아빠, 제 말을 끝까지 들어 주세요."라고.

칭찬해 주세요

시골에서 할아버지 할머니가 오셨어.
두 분은 내 방에서 주무실 거야. 나는 방을 깨끗이 청소했지.
할아버지 할머니가 대견하다며 칭찬해 주셨어.
흐뭇한 얼굴로 아빠한테도 얘기하셨어.
하지만 아빠는 '네' 소리만 하고 별말이 없었어.
아빠한테도 칭찬받으면 더 기분 좋을 텐데.
아빠는 내가 대견하지 않나 봐.

아빠한테 칭찬받으면 기분이 좋아.
앞으로 더 잘하고 싶은 마음도 생기지.
그런데 아빠가 알아주지 않을 때는?
맞아, 힘도 빠지고 기분도 나빠져.
그럴 때는 이렇게 말해 봐.
"아빠, 저 잘했지요? 칭찬해 주세요."

집안일은 함께해요

오랜만에 아빠가 일찍 퇴근하셨어.
아빠는 들어오자마자 웃옷을 벗어 소파에 걸쳐 놓았지.
엄마가 옷을 가져다 장롱에 걸었어.
아빠는 양말도 방에 아무렇게나 벗어 놓았어.
양말도 엄마가 빨래 통에 넣을 거야.
"여보, 물 한 잔 줘."
옷을 갈아입으며 아빠가 부엌에 대고 소리쳤어.

"여보, 족집게 좀 가져다줘. 새치가 제법 많네."
화장실에서 아빠가 또 엄마를 불렀어.
"손톱깎이가 안 보여. 여보!"
이번에는 안방에서 나는 소리야.
와, 아빠 해도 해도 너무하는 거 아냐?
엄마도 아빠랑 똑같이 회사 다니며 일하는데, 집안일은 왜 엄마만 하지?

"로봇이 왜 여기 있어? 가지고 놀았으면 치워야지."
아빠는 맨날 엄마한테 시키면서 나한테는 잔소리야.
"다 먹었으면 간식 그릇은 개수대에 갖다 놔야지."
"텔레비전에서 떨어져! 눈 나빠져."
"화장실에 불 켜 놓고 누가 안 껐어? 재성이, 너지?"
잔소리, 잔소리, 잔소리, 잔소리…….
아빠는 손가락 하나도 까딱 안 하면서 나한테만 뭐라고 해.
엄마처럼 아빠가 치워 줘도 되잖아?
평소에는 말도 잘 않던 아빠가 잔소리할 때는 어찌나 말이 많은지
내가 귀라도 먹은 줄 아나 봐.

엄마도 회사에서 종일 일했는데, 집에 오면 또 집안일이 산더미지?
장 봐서 요리하고, 설거지, 빨래, 청소…….
아빠가 집안일을 하나도 안 하면서 엄마만 시키는 걸 보면 어떠니?
너도 마찬가지야. 아빠가 엄마만 시킨다고 뭐라고 할 게 아니라
네 물건은 네가 치우면 좋겠지?
네가 할 일을 한 뒤에 아빠한테 이렇게 말하는 거지.
"아빠, 우리 자기 일은 스스로 해요.
집안일은 엄마 혼자만의 일이 아니잖아요."
그러면 아빠는 아마 멋쩍어하면서
양복 윗도리를 옷장에 넣고,
양말은 벗어서 빨래 통에 갖다 놓을지도 몰라.

버럭,
소리 지르는 건 싫어요

이모네 다녀오는 차 안에서 은서가 자꾸 창문을 열었어.
나는 찬바람이 싫어서 창문을 닫았어.
며칠 전부터 기침도 했거든.
은서는 닫으면 열고, 다시 닫으면 또 열고…….
그러다가 은서 소맷자락이 창에 끼었어.
"으앙! 앙앙앙!"
놀란 은서가 울음을 터뜨리자 운전하던 아빠가 소리를 질렀어.
"재성이, 너!"

"괜찮아, 괜찮아! 그냥 옷이 낀 거야."
엄마가 은서를 달래며 꼭 안아 주었어.
나도 너무 놀라 가슴이 쿵쾅거렸어.
은서가 다치지 않아 다행이야.

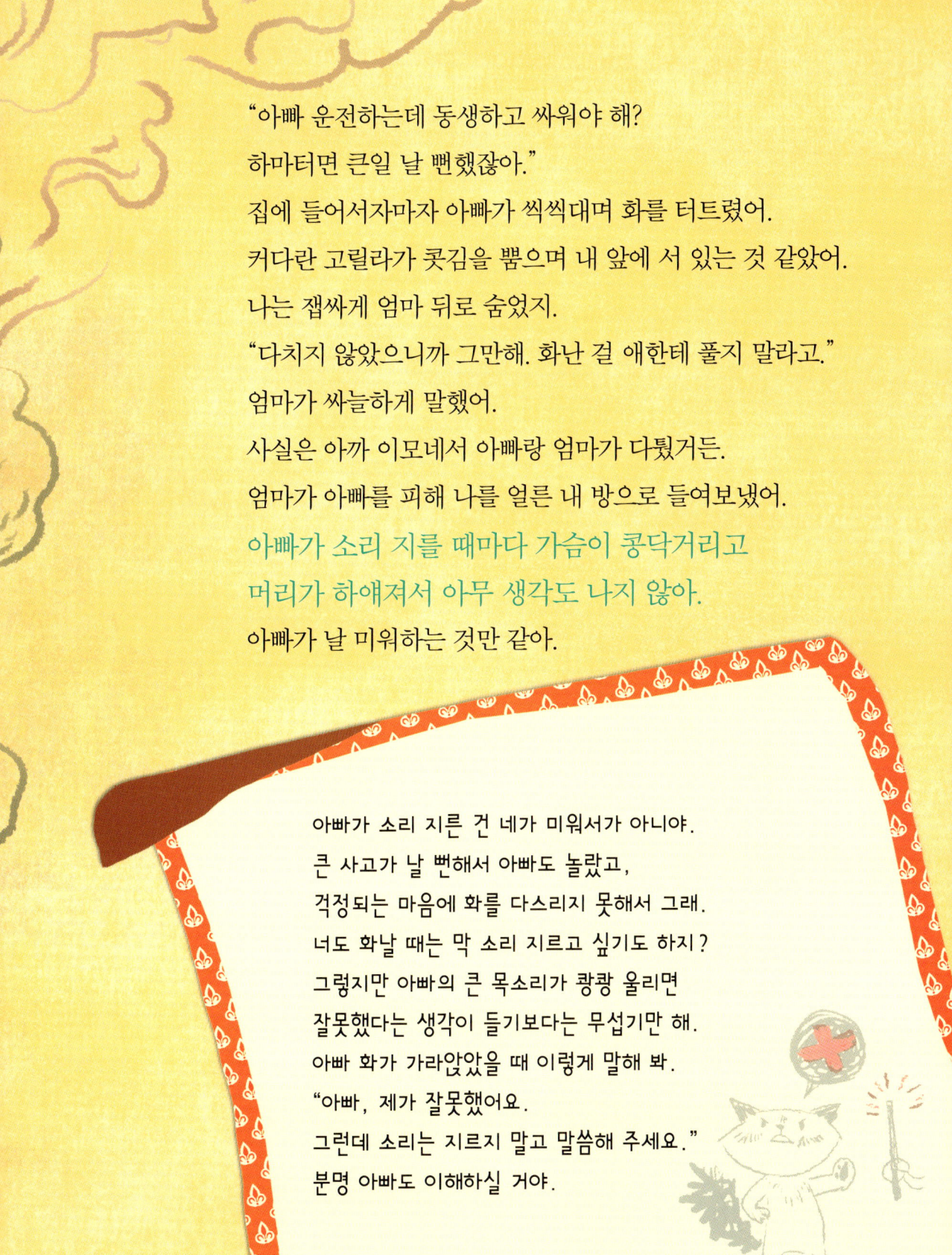

"아빠 운전하는데 동생하고 싸워야 해?
하마터면 큰일 날 뻔했잖아."
집에 들어서자마자 아빠가 씩씩대며 화를 터트렸어.
커다란 고릴라가 콧김을 뿜으며 내 앞에 서 있는 것 같았어.
나는 잽싸게 엄마 뒤로 숨었지.
"다치지 않았으니까 그만해. 화난 걸 애한테 풀지 말라고."
엄마가 싸늘하게 말했어.
사실은 아까 이모네서 아빠랑 엄마가 다퉜거든.
엄마가 아빠를 피해 나를 얼른 내 방으로 들여보냈어.
아빠가 소리 지를 때마다 가슴이 콩닥거리고
머리가 하얘져서 아무 생각도 나지 않아.
아빠가 날 미워하는 것만 같아.

아빠가 소리 지른 건 네가 미워서가 아니야.
큰 사고가 날 뻔해서 아빠도 놀랐고,
걱정되는 마음에 화를 다스리지 못해서 그래.
너도 화날 때는 막 소리 지르고 싶기도 하지?
그렇지만 아빠의 큰 목소리가 쾅쾅 울리면
잘못했다는 생각이 들기보다는 무섭기만 해.
아빠 화가 가라앉았을 때 이렇게 말해 봐.
"아빠, 제가 잘못했어요.
그런데 소리는 지르지 말고 말씀해 주세요."
분명 아빠도 이해하실 거야.

내 생각도 존중해 주세요

"넌 커서 의사가 돼야 해."
아빠 말에 나는 눈을 동그랗게 떴어.
장래 희망 말하기 숙제를 하는데, 요리사가 된다고 했거든.
"사내 녀석이 요리 잘해서 어디다 써먹게?"
아빠가 피식 웃었어.
"싫어요. 요리사 될 거예요. 요리하는 게 좋단 말이에요."
"시끄러! 아빠 희망이 의사였는데 너라도 돼야지."
눈을 부릅뜨고 윽박지르지 뭐야.
아빠는 뭐든 아빠 마음대로야.
높이 솟은 흰 모자를 쓰고 맛있는 음식을 만드는 요리사!
내가 만든 요리가 사람들을 행복하게 해 주면 좋겠어.
나도 엄마가 맛있는 요리를 해 주면 기분 좋아지거든.

나도 내 생각이 있고, 꿈이 있어.
무조건 아빠가 시키는 것만 해야 착한 아이야?
나도 아빠 말에 "싫어요." 하고 싶을 때가 있다고.
그런데 왜 아빠 얼굴이 붉으락푸르락하지?
은서도 아빠한테 뽀뽀하기 싫을 땐 도망가잖아.
아빠도 엄마가 도와달라고 할 때
싫다고 한 적 있으면서.
난, 내 생각을 존중해 주는 아빠가 좋아.

아빠의 말에 "싫어요."라고 말할 수 있어.
네 의사를 표현하는 건 당연하니까.
누군가의 지시가 있어야만 움직이고,
부모님 말에 무조건 따르는 아이는
소극적이고 의존적인 사람으로 자라기 쉬워.
싫을 때는 싫다고 당당하게 말해.
대신 아빠가 이해할 수 있게 이유도 또박또박 말해야 해.
그럼 아빠도 속으로는 그런 너를 꽤 대견해할걸.

술을 많이 마시면 건강에 해로워.
아이들도 다 아는 사실이지.
그런데 아빠들은 대개 술을 많이 마셔.
건강해야 가족과 함께 오래오래 행복할 텐데
아빠들은 그 사실을 모르는 걸까?
"아빠가 건강해야 저도 행복해요."
이렇게 말해 보면 어때?
아빠도 고개를 끄덕이실 거야.

건강한 아빠가 좋아요

"은서야! 재성아!"
퇴근한 아빠가 나랑 동생을 부르는 소리야.
"아이, 술 냄새! 아빠 또 술 마셨어?"
은서가 어리광 부리며 혀 짧은 소리를 해.
"어이구, 우리 딸! 아빠가 조금 마셨어요. 허허허!"
아빠도 은서처럼 혀 짧은 소리로 맞장구를 쳐.
나는 이불을 뒤집어쓰고 자는 척했어.
술 냄새도 싫고 붉어진 아빠 얼굴도 보기 싫거든.
술은 건강에 해롭다는데, 아빠는 너무 자주 마셔.
아빠가 술을 조금만 마시면 좋겠어.

일찍 들어오는 아빠가 좋아요

"아빠, 오늘은 일찍 들어오실 거죠?"
"왜?"
아침을 먹으면서 출근하는 아빠께 물었어.
"가족 신문에 아빠 인터뷰 들어가는 거요. 내일까지란 말이에요."
"아차! 깜박했네. 알았어. 오늘은 일찍 들어올게."
아빠가 웃옷을 꿰며 허둥지둥 현관을 나섰어.
오늘 아빠 인터뷰만 넣으면 가족 신문 완성이야.
이번 대회에서는 내가 꼭 일등할 거야.
엄마가 도와주어서 알차게 꾸몄거든.

벌써 밤 열 시네.
아함! 졸려.
"엄마, 아빠 언제 오세요?"
"금방 오실 거야. 회사 일이 바빠서 조금 늦는다고 하셨거든."
엄마가 미안한 얼굴로 시계를 쳐다봤어.
"가족 신문 내일 안 내면 혼난단 말이에요."
나는 볼멘소리로 괜히 엄마한테 투정을 부렸어.
아빠가 날마다 일찍 들어오시면 좋겠어.

아빠가 일찍 들어오면 집안이 화목해져.
아빠랑 저녁밥도 함께 먹고,
숙제도 봐주고 책도 읽어 주고…….
그런데 아빠도 어깨가 무겁단다.
가족을 위해 돈도 벌어야 하고 집안도 챙겨야 하고.
어느 하루 맘 편히 쉬는 날이 없을 거야.
너도 학교 가랴 학원 가랴 숙제 하랴, 무척 바쁘잖아.
가족을 위해 늘 바쁜 아빠, 네가 조금만 봐드려.

아빠, 사랑해요

"여보, 재성이 공개수업에 당신이 좀 가 줘."
엄마가 걱정스러운 얼굴로 아빠를 건너다봤어.
"안 돼. 내가 오늘 얼마나 바쁜데."
아빠는 단번에 거절했어.
"나도 중요한 회의가 있단 말이야. 빠질 수가 없어."
"그럼 못 가겠네. 어쩔 수 없잖아."
"무슨 말을 그렇게 해? 당신이 애 학교 가면 하늘이 무너져?"
엄마가 화를 내며 식탁에서 일어났어.
내 눈에 금세 눈물이 고였어.

엄마 아빠 눈치를 보며 밥을 깨작거렸어.
쫑알이 은서는 입을 꾹 다물고 볼이 미어져라 밥만 먹어.
평소에 안 먹던 시금치나물도 밥 위에 척척 걸쳐서 말이지.
"재성이, 넌 그렇게 깨작대다 언제 학교 가냐?"
아빠가 큰소리로 타박했어.
눈물이 떨어지려고 해서 애먼 은서한테 눈을 부라렸지.
저번에 아빠 때문에 가족 신문 인터뷰도 못해 갔어.
약속도 안 지키고, 학교에도 안 오고.
아빠는 정말 너무해.

빨리 먹어!

곧 공개수업이 시작될 거야.
부모님들이 교실 뒤쪽에 죽 서 있어.
엄마 아빠가 함께 온 친구도 있어.
나는 교실 문만 뚫어져라 쳐다보았지.
어쩌면 엄마가 회의를 빠지고 올지도 모르잖아.

공개수업이 시작됐어.
엄마 아빠는 끝내 안 오셨지.
내가 발표할 차례지만 힘이 빠져.
나는 느릿느릿 일어나 발표할 공책을 폈어.
문을 힐끔거리느라 자꾸 더듬거렸어.

막 발표를 하고 있는데, 뒷문이 살그머니 열리는 소리가 났어.
나는 곁눈질로 문 쪽을 보았지.
'아빠다!'
아빠가 헝클어진 머리를 쓸어 넘기며
헐레벌떡 교실로 들어오지 뭐야.
내게 한쪽 눈을 찡긋하면서 말이지.
나는 허리를 쭉 편 다음
또박또박 읽어 내려갔어.
어깨가 저절로 으쓱했지.
오늘 발표는 내가 가장 잘한 것 같아.
아빠, 사랑해요!

그래, 아빠 사랑하지?
아빠도 널 아주 많이 사랑해.
다만 아빠들은 표현이 서툴러.
은서한테는 안 그런다고?
딸들은 어려서부터 사랑을 표현하는 데
적극적이고 애교도 많아.
네가 봐도 은서가 애교덩어리잖아.
다만 아빠는 너처럼 사랑을 표현하는 데
수줍음이 많을 뿐이야.
너를 사랑하는 아빠 마음, 이제 알았지?

아빠! 힘내세요

아빠는 우리 가족을 위해 밤낮으로 열심히 일해요. 아이들과 놀아 주고도 싶고, 집안일도 도와주고 싶지만, 일하느라 너무 피곤해서 마음처럼 쉽지 않지요. 이런 아빠의 마음을 살짝 엿보고, 함께 응원해 드려요.

아빠는 왜 맨날 바쁠까?

밖에서 일하는 아빠는 늘 일에 치여 산다 해도 지나친 말이 아니에요. 아빠가 맡은 업무에 대해 공부도 해야 하고, 어떻게 하면 더 좋은 상품이나 서비스를 만들어 낼까 끊임없이 연구도 해야 하지요.
그래야 자신의 가치도 올라가고, 회사와 나라의 경쟁력도 키울 수 있답니다.
세상은 점점 아빠들에게 일을 더 많이 하라고 요구해요.
그 속에서 아빠들은 경쟁에 밀리지 않기 위해 마음을 늦추지 않고 정신을 바짝 차리려 애쓰지요.
더구나 아빠는 가족을 위해 돈도 벌어야 하고, 자식의 교육이나 집안도 챙겨야 해요.
이런 아빠의 어깨, 정말 무겁겠지요?

아빠는 딸만 좋아하나요?

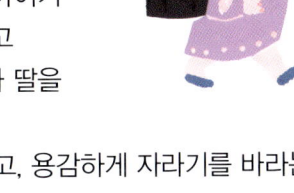

'딸 바보'라는 말이 유행할 만큼 아빠들의 딸 사랑은 유별나지요. 남자와는 다른 여자아이기 때문에 더 조심스럽고, 보호가 필요하다고 생각하기 때문이에요. 그렇다고 아들보다 딸을 더 사랑하는 건 아니에요.
다만 아들은 남자아이니까 좀 더 씩씩하고, 용감하게 자라기를 바라는 마음에 딸보다 강하게 대하는 경우가 많을 뿐이지요.
하지만 아빠와 아들은 아빠와 딸 사이에서는 느낄 수 없는, 남자들만이 공감하고 쌓을 수 있는 탄탄한 유대감이 있답니다.

아빠는 왜 무뚝뚝할까?

아빠들의 모습은 지역마다 또는 나라마다 조금씩 달라요.
그중 우리나라 아빠들은 대개 무뚝뚝하다고 해요. 옛날, 할아버지의 할아버지 때부터 남아 있던 습관일 거예요.
하지만 이런 아빠들도 아이를 혼낸 뒤에는 아이의 표정을 몰래 살피며 가슴 아파해요. 아이가 상을 받아 오면 앞에서는 시큰둥했지만, 나중에 친구들과 어울린 자리에서는 아이 자랑을 한없이 늘어놓지요.
아이를 사랑하면서도 놀아 주는 방법이나 표현하는 방법을 배우지 못했기 때문이에요.
그러나 지금은 우리 아빠들도 많이 변했어요. 앞으로는 더 많이 변할 거고요. 여러분이 원하는 바로 그 아빠의 모습으로요. 수줍음 많은 아빠들께 먼저 사랑한다고 말해 보세요.

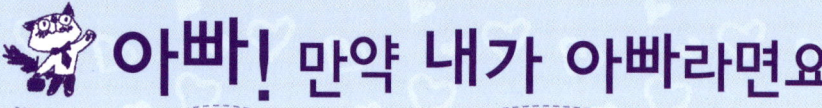

아빠! 만약 내가 아빠라면요

아빠에게 서운하거나 아쉬웠던 적 있나요? 여러분이 아빠라면 이렇게 할 텐데 하고 생각했던 점을 적어 보세요.

재성 내가 아빠라면

❶ 난 음식을 골고루 안 먹어도 혼내지 않을 거야.
❷ 일요일에는 같이 컴퓨터 게임을 할 거야.
❸ 동생이랑 싸우면, 무조건 혼내지 않고 이유를 끝까지 들어줄 거야.
❹ 주말마다 엄마를 도와 대청소를 할 거야.

나 내가 만약 아빠라면

❶
❷
❸

아빠! 사랑해요

아빠에게 하고 싶은 말들이 많지요? 그 마음을 재성이처럼 표현해 보세요.

아빠한테 서운했던 적

재성: 아빠랑 노는 시간은 참 즐거워요. 하지만 아빠는 늘 바쁘고 피곤하다고 잘 안 놀아 줘요.

나:

재성: 아빠가 쓰레기 봉투를 버리러 함께 가자고 했어요. 엄마도 도와드리고 아빠랑 같이 할 수 있어서 이럴 때 나는 아빠가 참 좋아요.

나:

우리 아빠가 좋은 이유

아빠한테 바라는 점

재성: 아빠한테 편지를 받고 싶어요. 나는 아빠 생신이나 어버이날에 카드를 드리는데 아빠한테는 한 번도 받아 본 적이 없거든요.

나:

스콜라 꼬마지식인 05
아빠는 내 마음 알까?

초판 1쇄 발행 2014년 1월 12일 **초판 7쇄 발행** 2024년 4월 17일

글 양혜원 **그림** 최혜인
펴낸이 최순영

교양 학습 팀장 김솔미
키즈 디자인 팀장 이수현 **디자인** Design Lovey

펴낸곳 ㈜위즈덤하우스 **출판등록** 2000년 5월 23일 제13-1071호
제조국 대한민국 **주소** 서울특별시 마포구 양화로 19 합정오피스빌딩 17층
전화 02) 2179-5600
홈페이지 www.wisdomhouse.co.kr **전자우편** kids@wisdomhouse.co.kr

ⓒ 양혜원·최혜인, 2014
ISBN 978-89-6247-410-7 74330

* 이 책의 전부 또는 일부 내용을 재사용하려면 반드시 사전에 저작권자와
  ㈜위즈덤하우스의 동의를 받아야 합니다.
* 인쇄·제작 및 유통상의 파본 도서는 구입하신 서점에서 바꿔드립니다.
* 이 책의 사용 연령은 8~13세입니다.
* 책값은 뒤표지에 있습니다.